LAS VERDURAS

Eliza Robbins

Traducción al español: José María Obregón

Rosen Classroom en español

The Rosen Publishing Group, Inc.
New York

Las verduras que comemos provienen de diferentes partes de las plantas.

Algunas de las verduras que comemos son las semillas de las plantas.

Algunas de las verduras que comemos son las raíces de las plantas.

Algunas de las verduras que comemos son los tallos de las plantas.

Algunas de las verduras que comemos son las hojas de las plantas.

Algunas de las verduras que comemos son las flores de las plantas.

Tú puedes cultivar verduras usando semillas. Primero, pon las semillas en la tierra, en un lugar con mucho sol.

Cubre las semillas con la tierra. Luego, riega las semillas con frecuencia.

Las semillas se convertirán en plantas.

Pronto, las verduras estarán listas para la cosecha. ¡Ahora podrás comer verduras de tu huerta!

PALABRAS QUE DEBES SABER

(las) hojas

(las) raíces

(las) semillas

(los) tallos

(la) tierra

(las) verduras